CHAMBRE DE COMMERCE DE CHAMBÉRY

Séance du 17 Février 1881

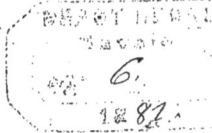

PROJET DE LOI

SUR LES

ÉLECTIONS DES TRIBUNAUX

ET DES

CHAMBRES DE COMMERCE

CHAMBÉRY

Imprimerie Savoisienne. Pierre Carron,
5, place Château, 5

1881

CHAMBRE DE COMMERCE DE CHAMBÉRY

———

Séance du 17 Février 1881

———

PROJET DE LOI

SUR LES

ÉLECTIONS DES TRIBUNAUX

ET DES

CHAMBRES DE COMMERCE

CHAMBÉRY

Imprimerie Savoisienne. Pierre Carron,
5, place Château, 5

—

1881

CHAMBRE DE COMMERCE DE CHAMBÉRY

PROJET DE LOI

SUR LES

ÉLECTIONS DES TRIBUNAUX

ET DES

CHAMBRES DE COMMERCE

———×———

Dans la séance du 17 février 1881, où sont présents : MM. Champenois, président ; Chambre, secrétaire-trésorier ; Bal, Billiet, Bonjean, Challier, Mottet, Tiollier et Vallet, M. le Président donne lecture du Rapport suivant :

MESSIEURS,

Un projet de loi relatif à l'élection des membres des tribunaux et des chambres de commerce a été présenté, le 23 décembre dernier, par le Gouvernement au Sénat (1), après adoption par la Chambre des Députés dans les séances des 30 novembre et 2 décembre 1880.

Contrairement aux précédents observés jusqu'ici, en

_____

(1) Voir le texte au *Journal Officiel* du 17 janvier 1881, page 269.

exécution de l'article 12 du décret du 3 septembre 1851 ,les chambres de commerce n'ont pas été consultées à ce sujet. Néanmoins presque toutes, usant du droit d'initiative qui leur appartient, ont spontanément protesté contre un projet qui, dans sa disposition principale, met en péril les intérêts qu'elles ont mission de défendre. Vous avez de même cru de votre devoir de vous prononcer sur cette grave question, et vous m'avez fait l'honneur de me charger de rédiger le rapport destiné à préparer votre délibération. Je viens donc vous soumettre ce travail, que je me suis efforcé de rendre aussi complet que possible.

Le projet de loi soumis en ce moment aux délibérations du Sénat a pour point de départ une proposition déposée à la Chambre, le 1er juin 1876, par MM. Boysset et Menier, et représentée de nouveau par MM. Boysset, Menier et Laroche-Joubert, le 15 décembre 1877 (1). D'abord combattue par M. le garde des sceaux Le Royer (2), cette proposition fut adoptée, quant aux points essentiels, dans le projet préparé par le Conseil d'Etat et présenté à la Chambre, le 27 novembre 1879, par le Gouvernement (3). C'est sur ces documents que la Chambre s'est prononcée en dernière lecture, presque sans discussion.

Ce projet, que j'appellerai projet Boysset, par abréviation, tend à modifier la législation existante sur sept points, que nous examinerons successivement.

I. — Il confie l'élection des membres des tribunaux et des chambres de commerce à des assemblées cantonales composées de tous les négociants français patentés depuis cinq ans, et domiciliés depuis le même laps de temps dans

---

(1) Voir à l'*Officiel* des 16 mai 1877, 12 janvier 1878, 27 juin 1879 et 15 février 1880 le texte de cette proposition et les rapports de la commission nommée pour l'examiner.

(2) *Journal Officiel* du 8 juin 1879, pages 4867, 4868.

(3) Le texte est à l'*Officiel* du 8 décembre 1879.

le ressort du tribunal, et prive de l'électorat les anciens juges (art. 2, 10 et 22).

II. — Il autorise la réélection indéfinie des magistrats consulaires (art. 14).

III. — Il consacre la simultanéité des scrutins et en fixe la durée à 6 heures (art. 11).

IV. — Il attribue l'élection du président aux juges et suppléants (art. 16).

V. — Il porte que nul ne pourra être nommé juge s'il n'a été juge suppléant pendant deux ans (art. 9).

VI. — Il permet à un juge suppléant qui vient d'être nommé juge d'être promu aussitôt à la présidence (art. 9 et 16).

VII. — Il laisse indéterminée l'époque de la fixation de l'ordre d'appel des juges complémentaires (art. 18).

I

Un fait qui m'a frappé en abordant cette étude, c'est la divergence existant parmi les personnes engagées aux débats quant à l'appréciation du caractère des membres des tribunaux de commerce, divergence qui se reproduit logiquement dans le mode proposé pour leur élection.

On a dit — et vous serez sans doute surpris comme moi de trouver cette opinion soutenue par M. le conseiller d'Etat Chauffour (1), — on a dit que les membres des juridictions consulaires ne sont que des arbitres, des conciliateurs, appelés à trancher les différends, non d'après les règles absolues du droit écrit, mais d'après des considérations d'équité, *ex œquo et bono* (2). Assurément, s'il en était ainsi, l'on devrait taxer « d'affreux déni de justice, de véritable iniquité » (3) l'élection

(1) *Officiel* du 8 décembre 1879, page 10787.

(2) *Officiel* du 20 décembre 1871, pages 5102, 5103, et du 8 décembre 1879, page 10787.

(3) *Officiel* du 20 décembre 1871, pages 5102, 5103.

abandonnée à une partie des justiciables, et l'on ne saurait trop s'élever contre un système qui produit « ce résultat monstrueux que, dans une affaire, deux plaideurs se trouveront en présence, l'un des juges qu'il a nommés, l'autre des juges qu'il n'a pas nommés, et qui lui sont imposés par son adversaire (1). »

Mais les partisans du projet Boysset s'abusent étrangement quand ils prétendent que leur système ferait disparaître cet état de choses déplorable. En effet, le projet prive du droit de choisir leurs juges :

Tous les commerçants qui n'auraient pas cinq ans de patente, quelle que soit l'importance de leur négoce ;

Toutes les femmes commerçantes ;

Tous les négociants étrangers au ressort du tribunal devant lequel ils plaideraient dans les trois cas prévus par l'art. 420 c. pr. civ. (2) ;

Tous les non-commerçants ayant fait accidentellement un acte de commerce donnant lieu à contestations ou qui poursuivraient contre un négociant l'exécution d'un acte commercial seulement quant à ce dernier (3) ;

En un mot — tous les praticiens l'affirmeront avec moi, —*la moitié au moins des justiciables de chaque tribunal.*

Par conséquent, à ce point de vue, le projet Boysset ne modifie pas sensiblement l'état de choses actuel. Il n'atteint donc pas le but principal qu'il se propose ; et la réforme poursuivie ne pourrait être accomplie que par la suppression radicale de la juridiction consulaire et le

---

(1) *Officiel* du 20 décembre 1871, pages 5102, 5103.

(2) Art. 420 c. pr. civ. Le demandeur pourra assigner à son choix : — Devant le tribunal du domicile du défendeur ; — Devant celui dans l'arrondissement duquel la promesse a été faite et la marchandise livrée ; — Devant celui dans l'arrondissement duquel le payement devait être effectué.

(3) Art. 631 c. comm. Les tribunaux de commerce connaîtront des contestations relatives aux actes de commerce entre toutes personnes.

rétablissement de l'arbitrage forcé, que l'édit du mois d'août 1560 et diverses lois de la première Révolution ont tenté en vain d'imposer pour les procès commerciaux (1).

Mais je me hâte d'ajouter que la situation faite par la législation actuelle aux commerçants non électeurs n'est pas aussi défavorable qu'on a tenté de le faire croire.

Il ne me sied point de vanter la probité de la magistrature consulaire de nos jours : ce serait décerner des éloges directs à la majeure partie d'entre vous, Messieurs, et me louer moi-même (2). Je laisserai le soin de notre défense à deux autorités dont le libéralisme et l'indépendance ne sauraient être suspectés :

« *Il n'est pas d'exemple de tribunaux de commerce*, quel qu'ait été le mode de nomination des juges consulaires, dit *le Droit* des 6-7 décembre 1880, *qui ait méconnu les droits et les intérêts des justiciables, grands ou petits*. Ils se sont, à toutes les époques, pénétrés de ce principe tutélaire qu'en matière de justice, il ne doit y avoir ni classes, ni partis, ni passions. »

Et, dans la séance de la Chambre des députés du 7 juin 1879, M. le garde des sceaux Le Royer faisait la déclaration suivante (3) :

« Messieurs, il n'y a aucun péril (à retarder le vote du projet Boysset), et en effet, dans la discussion à laquelle vous venez d'assister, en dehors des principes très respectables qu'on vous a exposés, on n'a élevé à l'appui de la proposition de loi aucun grief contre les décisions des tribunaux de commerce; ce sont surtout des principes qu'on a invoqués, et on n'a nullement cherché à signaler les abus qui seraient résultés du mode actuel de recrutement du personnel des tribunaux consulaires.

---

(1) Voir à ce sujet Genevois, *Histoire critique de la juridiction consulaire*, Paris, Pedone-Lauriel, 1866, in-8°, pages 39 et suivantes.

(2) (M. le Président de la chambre de commerce est aussi président du tribunal de commerce de Chambéry; et, parmi les 11 autres membres de la chambre, 4 ont été présidents et 2 juges de ce même siège).

(3) *Officiel* du 8 juin 1879, page 4866.

« Personne ne pouvait signaler ces abus ; je vais vous le démontrer en vous citant des faits, et il n'y a rien de plus éloquent que les faits.

« *Les jugements des tribunaux de commerce*, Messieurs, *qui sont frappés d'appel ne sont infirmés que dans une proportion de 27 0 $/$ 0, tandis que les décisions des tribunaux civils (jugeant commercialement) le sont dans la proportion de 30 0 $/$ 0, ce qui fait donc une différence de 3 0 $/$ 0 au bénéfice des tribunaux consulaires (1).* »

Ces témoignages produits, je considère la magistrature consulaire comme suffisamment vengée des attaques dirigées contre elle, et je ne m'arrêterai pas à repousser cette autre insinuation suivant laquelle nos sentences pourraient, à un degré quelconque, se ressentir de ce que, dans un litige, l'une des parties serait inscrite sur la liste électorale, tandis que l'autre serait privée de cette faveur (2).

J'ai dit magistrature consulaire, et j'ai maintenant à prouver que le titre et la qualité de magistrats appartiennent, avec toutes leurs conséquences, aux juges des tribunaux de commerce comme aux juges civils. Je n'entrerai pas dans de longues démonstrations (3), qui nous écarteraient trop de notre sujet : je me bornerai aux considérations suivantes, qui établiront suffisamment ma thèse, je l'espère.

On a vu tout à l'heure que l'édit du mois d'août 1560 avait imaginé l'arbitrage forcé pour les différends commerciaux. Cette innovation n'ayant pas réussi, un autre édit de novembre 1563 établit à Paris la juridiction consulaire, dont le bénéfice fut successivement étendu à plusieurs places de commerce, jusqu'à ce que l'ordon-

---

(1) Voir pour plus de détails les *Comptes généraux de l'administration de la justice civile et commerciale* publiés chaque année par M. le Garde des Sceaux, Paris, Imprimerie nationale.

(2) *Officiel* du 16 mai 1877, page 3655.

(3) Voir sur ce point Camberlin, *Manuel pratique des Tribunaux de commerce*, Paris, Marescq aîné, 1879, pages 76 et suivantes.

nance de mars 1673 eût généralisé et régularisé l'institution.

Il n'est pas douteux que, de 1563 à 1673, c'est-à-dire à une époque où le droit commercial résidait tout entier dans les coutumes, les juges-consuls n'aient eu le simple caractère d'arbitres, ni même qu'ils ne l'aient conservé jusqu'en 1807, bien que l'ordonnance de mars 1673 eût réuni en un seul corps de doctrine la plupart des lois qu'ils étaient chargés d'appliquer. Mais, en donnant à la juridiction le titre de tribunal de commerce, en imposant aux juges le même serment professionnel qu'aux magistrats civils, en réglementant minutieusement la procédure, en codifiant rigoureusement le droit commercial, le législateur a, par là même, élevé les juges-consuls à la dignité de magistrats (1). Aussi M. Dufaure a-t il pu dire avec raison de la juridiction consulaire que c'est « une juridiction véritable appliquée aux matières commerciales, ayant à juger des questions de jurisprudence aussi graves que celles qui sont soumises aux tribunaux civils, et quelquefois assurément aussi difficiles (2). »

Ainsi, Messieurs, pour les magistrats consulaires comme pour les juges civils, un jugement ne saurait être autre chose que la comparaison d'un fait avec la loi ; et, si les premiers possèdent quelque supériorité sur les seconds dans l'exercice de la juridiction commerciale, c'est assurément parce que leur éducation les rend plus habiles à constater le fait qui doit déterminer l'application du droit.

Que si cette doctrine paraissait exagérée, la lecture

---

(1) « Le juge consulaire n'est donc point un mandataire d'une circonscription déterminée, *c'est un magistrat* qui ne relève que de sa conscience et de la loi : il ne doit pas compte de son mandat à ses électeurs. *C'est, en un mot, un juge dans toute l'étendue et toute l'acception du mot. (Discours de M. le garde des sceaux Le Royer. Officiel* du 8 juin 1879, page 4867.)

(2) *Officiel* du 20 décembre 1871, page 5106.

d'un recueil quelconque de jurisprudence dissiperait bien vite *tous* les doutes, en prouvant que les jugements *ex æquo et bono* ne trouvent jamais grâce devant les juridictions supérieures lorsqu'ils prétendent substituer les règles, souvent trompeuses, de l'équité aux dispositions claires et formelles de la loi.

De ce principe que le corps consulaire est une véritable magistrature, découle la conséquence invincible que son recrutement ne peut être abandonné aux caprices de la multitude ; et, puisque sa mission est rigoureusement bornée à l'application stricte des règles du droit aux actes de la vie commerciale, le choix normal des éléments de ce corps ne peut être utilement exercé que par un jury d'examen peu nombreux et possédant lui-même les qualités qu'il doit exiger des candidats. Que l'on reconnaisse à tout citoyen le droit de faire représenter son opinion, quelle qu'elle soit, dans les assemblées chargées de préparer les lois ou de discuter des intérêts communs que l'on peut entendre de diverses manières, ainsi le veut le droit naturel ; mais que, la loi une fois promulguée, on accorde à une catégorie de citoyens qui l'ignoreraient ou la braveraient la faculté de remplir les tribunaux de gens aussi ignares ou aussi hostiles qu'eux, voilà qui est absolument illogique. La chambre de commerce du Hâvre l'a dit avec beaucoup de justesse, dans un mémoire adressé en 1870 au Garde des Sceaux et au Ministre du commerce :

« Dans les élections politiques, départementales ou municipales, de quoi s'agit-il? De faire prévaloir telle ou telle opinion sur les questions d'intérêt général ou local, lesquelles sont controversées à l'avance dans la presse et dans les réunions publiques ou privées : on conçoit alors qu'il se forme un certain esprit public et que tout citoyen se regarde comme apte à déposer son vote avec connaissance de cause sur des idées longtemps débattues. La personne même des candidats n'est qu'un point secondaire, et on s'inquiète avant tout de l'idée qu'ils représentent, pour donner la préférence à celle qui répond le mieux aux aspirations du moment. »

« Dans les élections pour les tribunaux de commerce, il ne se passe rien de semblable ; *il n'existe pas plusieurs manières de bien juger suivant le droit et l'équité, et l'influence des électeurs n'a rien à faire sur les décisions que l'élu sera appelé à prendre ; celui-ci serait même coupable s'il subissait toute autre influence que celle de la loi et de la conscience.* Les électeurs n'ont donc pas à s'occuper des choses, mais seulement des hommes, pour apprécier ceux qui réunissent le mieux les aptitudes spéciales et les qualités requises pour les fonctions de juge. Les aptitudes et les qualités nécessaires pour permettre à l'élu, suivant la formule du serment, de bien et fidèlement remplir ses fonctions, de garder religieusement le secret des délibérations et de se conduire en tout comme un digne et loyal magistrat; ne sont pas de celles qui s'affichent au grand jour : les hommes qui les possèdent le mieux se tiennent volontiers à l'écart ; il faut les chercher, les découvrir et faire violence souvent à leur modestie pour les décider à se charger d'une tâche aussi ingrate qu'honorable. Le suffrage universel de tous les commerçants sera-t-il bien compétent pour savoir si des préoccupations d'échéance ne les accompagneront pas jusques sur leurs sièges de magistrats, pour apprécier la rectitude de jugement et l'indépendance de caractère des candidats, avec lesquels la plupart des votants n'auront eu aucun rapport d'affaires ou autre, et cela sans discussion préalable possible, puisqu'elle ne pourrait porter que sur les personnes, sur ce qui touche au for intérieur des individus (1)? »

C'est ce qu'avaient compris les législateurs de 1807 et de 1871 ; c'est aussi — et je suis heureux de pouvoir produire un argument aussi décisif — ce que proclame la législation actuelle de trois Etats voisins qui, après nous avoir emprunté notre code de commerce, se sont appliqués à réduire le nombre et à rechercher la qualité des électeurs consulaires.

En Italie, pays de suffrage restreint, il est vrai, mais doté néanmoins d'institutions libérales, il est pourvu aux vacances dans les chambres de commerce par le Roi, sur la présentation des membres restant en fonctions ; et les juges consulaires sont également nommés par le Roi, sur les propositions faites par la chambre de commerce, au

---

(1) *Officiel* du 8 juin 1879, page 4861.

moyen d'une liste de candidats en nombre triple de celui des membres à nommer (1).

En Belgique, pays de liberté presque illimitée, la liste des électeurs consulaires ne comprend que les négociants payant au moins 42 fr. 32 au trésor de l'Etat, du chef de la patente (2).

A Genève enfin, république essentiellement démocratique, le pouvoir législatif, c'est-à-dire le Grand-Conseil, composé de 93 membres élus par le suffrage universel, nomme lui-même les membres du tribunal de commerce (3).

Les Italiens, comme les Belges, comme les Genevois, pensent donc, aujourd'hui encore, qu'il n'y a ni déni de justice, ni iniquité à imposer aux justiciables, même en matière commerciale, des juges qui n'ont pas été choisis par chacun d'eux.

Et je me hâte d'ajouter, Messieurs, que la masse des commerçants français est du même avis. Ce fait est constaté par le journal *le Droit* (4) que je citais tout à l'heure. Après avoir dit que les chambres syndicales de Paris demandent seules la réforme proposée, il continue ainsi :

---

(1) *Loi du 6 décembre 1865.* — Art. 56. — Le président, les juges et les suppléants du tribunal de commerce sont nommés par le Roi, sur la présentation des chambres de commerce respectives.

Art. 57. — Les chambres de commerce font la présentation au moyen d'une liste de noms en nombre triple de celui des membres à nommer.

(2) Art. 36 de la loi du 18 juin 1869. — Les membres des tribunaux de commerce sont élus dans une assemblée composée de commerçants payant au trésor de l'Etat, du chef de leur patente, la somme de 42 fr. 32.

(3) *Constitution Genevoise* de 1847, art. 99. — Le Grand-Conseil nomme tous les magistrats de l'ordre judiciaire. Il choisit les membres du tribunal de commerce parmi les commerçants et les anciens commerçants.

(4) No du 6-7 décembre 1880.

« Mais les départements semblaient se préoccuper assez peu de cette question, et, sauf quelques grandes villes qui s'associaient au mouvement que nous venons de signaler, on peut dire que les ré-criminations, souvent fort vives, dirigées contre le mode d'élection des juges cousulaires, n'avaient qu'un faible écho en province. »

Le projet Boysset ne répond donc pas à un besoin réel, généralement exprimé, et le *Droit* ne se trompe point quand il ajoute :

« Il est permis de dire, l'histoire à la main, que *l'idée supérieure de justice, la seule qui doive toucher des jurisconsultes, s'est trouvée bien désintéressée dans le débat qui s'est ouvert ces jours derniers devant la Chambre des députés.* »

Mais toute discussion sur ce point est superflue, car, les auteurs du projet de loi l'avouent eux-mêmes,

« SI LE SUFFRAGE RESTREINT EST CONDAMNÉ, CE N'EST POINT PARCE QU'IL AURAIT DONNÉ DE MAUVAIS RÉSULTATS, ET SI LE SUFFRAGE UNI. VERSEL DOIT ÊTRE PRÉFÉRÉ, CE N'EST PAS QU'IL EN AIT DONNÉ, OU QU'IL PUISSE, A NOTRE AVIS, EN DONNER DE BEAUCOUP MEILLEURS ; C'EST UNIQUEMENT POUR DES RAISONS THÉORIQUES. Cet aveu, ou plutôt cet hommage rendu à la vérité, n'infirme en rien nos conclusions. *Nous ne voyons pas, en effet, ce qu'on peut opposer à une raison théorique, contrôlée et confirmée par la pratique.* Si l'on ne doit pas sacrifier l'utile à une conception théorique non vérifiée, on ne doit pas non plus sacrifier la théorie quand aucune objection rationnelle ne se dresse contre elle et surtout quand elle a déjà été appliquée, et qu'elle s'est montrée parfaitement compatible avec la pratique (1). »

La dernière partie de cette citation, que je n'ai pas voulu tronquer, parce que je tiens à ne laisser aucune objection sans réponse, me conduit naturellement à vous présenter les dernières considérations que j'ai à invoquer contre le projet Boysset.

---

(1) *Rapport de M. le conseiller d'Etat Chauffour. — Officiel* du 8 décembre 1879, page 10788.

D'après M. le conseiller d'Etat Chauffour, les raisons théoriques qui, SEULES, ont inspiré la réforme proposée, auraient été confirmées par la pratique.

Nous examinerons tout à l'heure les résultats observés de 1848 à 1851 (1).

Mais je dois constater tout d'abord que les auteurs du projet n'ont pas suffisamment réfléchi aux difficultés d'application contre lesquelles on se heurterait.

Dans les cantons peu commerçants, et ils sont nombreux, on aura certainement beaucoup de peine à former le bureau électoral. Et, même dans les centres ruraux où l'élément commercial a une importance relative, comment vaincre l'indifférence de négociants qui n'ont du négoce que le nom et la patente, ne connaissent le tribunal consulaire que par ouï-dire, et saisissent habituellement le juge de paix de leurs litiges ?

D'autre part, comment les commerçants ruraux, isolés du centre électoral, connaîtront-ils les candidatures ? Viendront-ils à la ville uniquement pour se renseigner et assister aux réunions préparatoires ? C'est peu probable. Ou bien les candidats iront-ils à leurs électeurs ? J'en doute fort : on trouvera rarement des commerçants assez zélés pour voyager au profit de leur candidature et dé-

---

(1) Ce rapport était déjà rédigé, lorsque j'ai reçu d'un membre éminent de la magistrature consulaire belge une lettre de laquelle il résulte :

Qu'en Belgique aussi, la réforme inaugurée par la loi du 18 juin 1869, ne répondait à aucun besoin et a été dictée uniquement par des *raisons théoriques ;*

Qu'elle a eu pour résultat de diminuer la qualité des votants, sans en augmenter le nombre ;

Qu'en effet, le haut commerce s'abstient maintenant de prendre part aux élections, qui sont abandonnées aux classes infimes de négociants.

Si l'on considère qu'en Belgique les listes électorales ne comprennent que les commerçants payants à l'Etat 42 fr. 32 du chef de la patente, on pourra juger des conséquences que produirait l'adoption du suffrage universel.

penser d'abord leur argent afin de pouvoir consacrer
ensuite leur temps aux choses de la justice. Et puis, ce
spectacle d'un magistrat en quête de suffrages serait-il
de nature à rehausser le corps ? Enfin, quelles promesses
fera le candidat ? Car, puisque l'on emprunte le suffrage
universel à l'ordre politique, il faudra bien, pour mettre
en mouvement les masses électorales, adopter les procédés
usités en matière politique. Qu'il parle de vive voix ou
par l'organe des journaux, vantera-t-il ses mérites ou
promettra-t-il de ne tenir aucun compte de l'art. 105,
c. comm. et des clauses de non-garantie en matière de
chemins de fer ?

On le voit, si la théorie est spécieuse, la pratique est loin
d'être facile et satisfaisante. J'ai signalé l'indifférence
des campagnes. Le même fait se produira aussi dans les
villes. L'expérience le prouve partout, et nous l'avons
constaté personnellement à Chambéry : le chiffre des votants est en raison inverse du nombre des électeurs inscrits. Où trouver un aveu plus frappant du peu d'intérêt
que les petits commerçants portent aux élections consulaires ? Et ce n'est pas seulement de nos jours que ce fait
a été observé. Parlant de la première période d'application du suffrage universel, qui venait de faire place au
système des notables, Locré disait :

« Les rapports qui existent entre ces diverses classes de commerçants ne sont que relatifs. *En les appelant tous, soit dans le même
lieu, soit en différentes assemblées, il peut en résulter une grande
confusion ou une grande indifférence. Ce double inconvénient doit
paraître assez sensible ; l'expérience ne l'a que trop prouvé* (1). »

Mais si, pour les années 1790 à 1806, nous sommes
contraints de nous borner à ce seul témoignage, il n'en est
pas de même pour 1848. Ici, les constatations abondent,

---

(1) Locré, *Esprit du Code de commerce*, première édition 1813,
page 54, cité dans l'*Officiel* du 8 décembre 1879, page 10785.

et je ne puis résister au désir de vous citer tous les chiffres que j'ai relevés dans l'*Officiel* (1).

A Paris il y a eu :

Sur 26,000 électeurs inscrits, le 17 décembre 1848, 1,367 votants et le lendemain, 300 ;

Sur 27,712 inscrits, le 16 décembre 1849, 1,181 votants, soit 4 0/0 environ, et le lendemain 711 seulement, soit 2,50 0/0;

Le 14 décembre 1850, 1,244 votants, et le lendemain 823 ;

En 1848, 1849 et 1850, il y a eu :

A Vannes, 16 et 17 votants sur 1,512 électeurs inscrits;

A Agen, 20 votants sur 887 électeurs ;

A Vervins, 23 et 25 votants sur 2,409 inscrits ;

A Lorient, 26 votants sur 1,618 inscrits ;

A Béziers, 29 votants sur 1,077 inscrits ;

A Roanne, 18, 30 et 32 votants sur 1,547 inscrits ;

A Sedan, 31, 35 et 39 votants sur 2,109 inscrits ;

A Calais, 21, 34 et 41 votants sur 1,371 inscrits ;

A Tours, 24 et 51 votants sur 2,746 inscrits ;

A Lille, 51 votants sur 8,309 inscrits, soit 1 votant pour 160 électeurs ;

A Cambrai, 42 et 56 votants sur 3,550 inscrits ;

A Beauvais, 53 et 87 votants sur 5,317 inscrits ;

A Valenciennes, 79 et 100 votants sur 3,237 inscrits ;

Au Hâvre, 101, 130 et 140 votants sur 4,803 inscrits ;

A Orléans, 85, 124 et 162 votants sur 4,516 inscrits ;

A Rouen, 134, 167 et 192 votants sur 6,171 inscrits.

N'est-ce pas là une preuve frappante, indéniable, que les petits commerçants, d'un bout de la France à l'autre, se sont absolument désintéressés d'une réforme qu'ils ne réclamaient pas plus qu'aujourd'hui ?

On a dit, pour atténuer ce fait considérable, qu'alors l'éducation du suffrage universel n'était pas encore achevée; mais il me semble évident que, si les petits négo-

---

(1) Numéros des 20 décembre 1871, pages 5104, 5105, et 8 juin 1879, pages 4862-63.

ciants avaient souhaité aussi ardemment qu'on l'affirme, de pouvoir nommer leurs juges, ils auraient eu bien vite appris à déposer un bulletin comme ils l'ont fait dans l'ordre politique. Et, puisque nous avons vu les élections politiques fréquentées et les élections consulaires désertées, il faut bien convenir qu'il y avait enthousiasme d'une part et indifférence profonde de l'autre. Au surplus, M. Ribot constate que cette indifférence a suivi une proportion croissante, car à la première élection partielle qui a suivi les élections générales, il y a eu moitié moins de votants, et à l'élection suivante il y eut encore moins de votants qu'à la précédente (1).

En serait-il autrement aujourd'hui ? Rien ne le fait présumer. Il convient cependant d'envisager cette éventualité, eu égard aux résultats que sa réalisation produirait.

Qu'arriverait-il donc si tous les patentés se décidaient à user du droit qu'on veut leur accorder ?

M. Ribot nous apprend que, déjà en 1848, malgré le fonctionnement incomplet du suffrage universel, il ne manqua que 7 voix, pour être nommé président du tribunal de commerce de la Seine, à un agent d'affaires véreux, connu comme tel par tout le commerce de Paris et qui, à quelque temps de là, était condamné par la Cour d'assises à 5 ans de réclusion (2).

A la même époque, un procureur général écrivait que, « dans un arrondissement de son ressort, on avait nommé un marchand de chiffons signalé comme le recéleur des vols qui se commettaient fréquemment dans cet arrondissement (3). »

De tels scandales ne pourraient-ils pas se généraliser ? Je laisse la parole à la chambre de commerce de Bordeaux :

---

(1) *Officiel* du 8 juin 1879, page 4865.
(2) *Officiel* du 8 juin 1879, page 4862.
(3) *Officiel* du 8 juin 1879, page 4863.

« Avec le nombre, l'impossibilité d'une appéciation personnelle
chez l'électeur livrerait à la brigue et aux passions politiques des
choix qui devraient sortir de l'expérience et du recueillement. Le
sentiment de leur impuissance à remplir sérieusement leur mandat,
la fatigue d'élections continuelles, éloigneraient les électeurs et mul-
tiplieraient les abstentions. Des minorités turbulentes deviendraient
les maîtresses, et *la magistrature consulaire perdrait à la fois son
prestige et son indépendance ; plutôt que de s'y exposer, mieux
vaudrait confier les causes commerciales aux tribunaux civils*, déjà
investis de cette juridiction partout où n'existent pas des tribunaux
de commerce (1). »

Les mêmes craintes ne sont pas exprimées moins vive-
ment par M. Dufaure, d'abord partisan du suffrage universel :

« En examinant la liste des patentés, vous verrez qu'elle est divisée
en sept classes : les patentés de la première classe sont très peu
nombreux, les patentés des deuxième et troisième classes, peu nombreux encore, le sont un peu plus ; de même, les patentés de quatrième classe un peu plus nombreux ; enfin, les sixième et septième
classes de patentés, comprenant ceux qui exercent les professions, je
ne dirai pas les moins honorables, mais les moins éclairées, les
moins capables de comprendre toutes les garanties de lumière et de
dévouement que doit présenter un juge, constituent la presque tota-
lité du corps des commerçants.

« Permettez-moi de vous dire l'induction qui s'est immédiatement
présentée à mon esprit. Ce n'est point que je trouvasse là des hommes qui, au point de vue de l'honorabilité, ne présentaient pas de
garanties suffisantes ; je n'établis aucune distinction entre les classes
au point de vue de la probité, j'en établis, permettez-moi de vous le
dire, au point de vue de l'éducation et des lumières.

« Je le dirais à ceux-là mêmes qui composent les dernières classes ;
je ne veux pas citer ces professions, mais enfin il y a des membres
de ces professions qui, si vous leur parliez individuellement, vous
diraient eux-mêmes : « Nous n'avons pas reçu la même éducation
« que vous, nous ne sommes pas éclairés comme vous. Si nous étions
« choisis comme membres des tribunaux consulaires, nous ne pour-

---

(1) *Officiel* du 22 décembre 1871, page 5158.

« rions pas apprécier les faits avec des lumières suffisantes pour ren-
« dre des jugements convenables. »

« Mais qu'arriverait-il, par malheur? C'est que, peu à peu, ils seraient poussés à choisir dans leurs rangs les membres mêmes des
tribunaux de commerce ; c'est qu'on leur en ferait un point d'honneur, on leur dirait ce qu'on paraît leur dire ici : « Vous êtes aussi
« éclairés, aussi intelligents, aussi honorables, aussi capables de juger
« que ces négociants plus connus que vous, plus notables que vous,
« plus riches que vous, secouez le joug de cette supériorité orgueil-
« leuse, excluez-les et nommez parmi vous. »

« Je ne dis pas qu'en tout temps, qu'en toute occasion, ils feront
les choix dont je parle, mais je dis que peu à peu il y aura des inci-
tations, et vous le reconnaissez comme moi, à ne choisir que des
hommes pris dans leurs rangs, et cette admirable institution des tribunaux de commerce, institution si nécessaire et de laquelle j'ai entendu avec peine l'honorable M. Tirard dire que c'était une institution qu'une éventualité pouvait faire disparaître, eh bien ! vous la
compromettez, vous l'exposez.

« Quant à moi, mis en présence du projet de la commission, qui
me présentait une liste avec toutes les garanties possibles, une liste
choisie par des hommes issus du suffrage de leurs concitoyens,
offrant eux-mêmes toutes les garanties de discrétion, de mesure et
de choix, je me suis dit qu'il valait encore mieux avoir une liste
d'électeurs choisis par cette commission, que de livrer aux chances
que je vous signalais tout à l'heure, à cette chance dont je vous parle
maintenant, la composition de nos tribunaux de commerce.

. . . .

« Je répète ce que j'ai dit : *Le danger est là*. Un jour on dira à la
septième classe des patentés : « Vous êtes les maîtres en nombre du
« corps électoral ; prenez dans votre classe les membres du tribunal
« de commerce (1). »

Et, en 1876, à l'occasion de l'examen du projet Boysset
par la chambre syndicale des vins à Paris, un membre
de cette compagnie disait :

« *Prenez garde ! Nous sommes une légion tellement nombreuse,*
« *que nous pourrions, à un jour donné, nous emparer complètement*
« *de l'élection.*

_____

(1) *Officiel* du 20 décembre 1871, page 5106.

« Remplacez le mode d'élection actuel par le suffrage universel
« plus ou moins absolu ou plus ou moins restreint, et l'équilibre dis-
« paraîtra, parce que l'égalité des corporations sera détruite;
« les unes acquerront, par l'importance du nombre, une prépondé-
« rance que ne justifiera pas toujours l'importance des intérêts, tandis
« que ce sera tout le contraire pour les autres; à ce point de vue,
« ma chambre est tout à fait désintéressée dans la thèse que je sou-
« tiens, car si le suffrage universel était rétabli comme il existait en
« 1848, le commerce des vins compterait à lui seul plus de 25,000
« électeurs.

« Cela suffit, ce me semble, pour indiquer le danger de la ré
« forme proposée, car vous voyez qu'avec elle les élections pour-
« raient être à la complète discrétion de deux ou trois corporations.
« On nous parle de privilège; eh bien! ne serait-ce pas en créer là
« un plus exhorbitant encore, puisque ces deux ou trois corpora-
« tions pourraient toujours, en s'entendant, imposer leur choix à
« toutes les autres? Une seule même parfois pourrait, dans telles
« circonstances, user et abuser d'un tel droit.

« Il y a ici un danger réel que je vous signale et qui vous paraîtra
« assez sérieux pour repousser le projet de loi dont nous nous
« occupons (1). »

Si nous consultons maintenant le tableau des patentés
de toute la France en 1871, que je relève dans l'*Officiel* du
22 décembre 1871, page 5158, et qui ne doit pas avoir
varié sensiblement depuis,

1re classe,	26,000	} 83,000 patentés.	
2e —	12,000		
3e —	45,000		
4e —	137,000	} 1,141,000 patentés.	
5e —	179,000		
6e —	490,000		
7e —	250,000		
8e —	85,000		

Nous voyons que *les patentés des cinq dernières classes
sont 14 fois plus nombreux que les autres,* c'est-à-dire

(1) *Officiel* du 8 juin 1879, page 4861.

qu'en supposant même que tous ceux-ci, sans exception, allassent aux scrutins, *un treizième seulement des premiers pourrait, en allant voter, se rendre maître des élections*. Or, comme nous sommes généralement portés à choisir parmi nos pairs, il est certain que la composition des tribunaux de commerce en serait profondément modifiée, au détriment de tous, car, suivant l'opinion d'un membre du barreau de Nantes, à qui des études spéciales et une récompense académique donnent toute autorité sur ce point,

« S'il était possible de faire arriver au siège consulaire un petit trafiquant, ce serait un malheur pour lui et pour le commerce. Pour lui, parce qu'il a assez de ses propres affaires, dans lesquelles il n'a pas le moyen de se faire aider, pour occuper tous ses instants. S'il était juge, il serait forcé de les négliger. Pour le commerce, parce qu'il est évident qu'un tel juge n'aura pas les connaissances voulues pour comprendre les questions difficiles qui se présenteront devant lui. *Un mode d'élection qui rend possible un pareil résultat est donc mauvais, puisqu'il peut mettre en péril les intérêts privés et ceux de la justice* (1). »

Et lorsque vous songerez, Messieurs, que ces malheurs sont surtout possibles et probables dans les grandes villes, c'est-à-dire dans les sièges où se débattent les procès les plus considérables, dans les places qui disposent en réalité de l'existence commerciale de tout le pays, vous partagerez certainement les appréhensions qu'exprimaient si éloquemment, il y a un mois à peine, les chefs des deux premiers tribunaux consulaires de France (2).

Souhaitons donc, Messieurs, qu'une voix autorisée fasse entendre, avec le même succès, au Sénat le conseil que

---

(1) Genevois, ouvrage déjà cité, couronné par l'Académie de législation, page 195.

(2) *Discours prononcés par les présidents des tribunaux de commerce de Paris et de Lyon, lors de l'installation des nouveaux magistrats.* (*Gazette des Tribunaux* du 23 janvier 1881 et *Salut Public* du 11 janvier 1881).

donnait Desmeuniers à l'Assemblée nationale de 1790 : « *Il faut y regarder à deux fois avant de toucher à une œuvre de l'Hospital !* »

Les considérations qui précèdent s'appliquent également à l'élection des Chambres de commerce ; mais celles-ci peuvent en outre invoquer, pour faire écarter le projet, un argument qui a été présenté d'une manière saisissante par la chambre de commerce de Rouen :

« *L'intérêt étant la source naturelle et primordiale de tous les droits, comme il est la mesure de toutes les actions, la concession d'un droit a donc pour limite l'intérêt. Là où s'arrête l'intérêt, s'arrête aussi le droit.* C'est là une règle en quelque sorte d'ordre public, dominant en matière de législation.

« Cette condition d'un intérêt réel pour tous les commerçants à l'exercice du droit que le projet de loi leur confère se trouve-t-elle remplie ? Notre chambre le conteste formellement. On ne saurait prétendre sérieusement que la solution des questions qui s'agitent au sein des chambres de commerce intéresse tous les commerçants patentés. Il est certain que les matières qui s'y traitent, intéressantes pour les commerçants compris dans les trois premières classes de la loi sur les patentes, sont complétement indifférentes aux artisans patentés et aux petits détaillants dont les nombreuses professions sont énumérées dans les cinq dernières classes de cette loi. Le législateur l'a si bien reconnu qu'il ne fait supporter qu'aux trois premières classes de patentés la contribution aux charges et dépenses des chambres de commerce, et en exempte les cinq dernières classes. Cette loi, remarquons-le, n'a jamais soulevé de réclamation, même de la part des patentés des trois premières classes, sur lesquels seuls pèse la contribution pécuniaire. Si les travaux des chambres de commerce intéressaient tous les commerçants inscrits à la patente, la loi serait injuste et partiale en exemptant de cette contribution les cinq dernières classes de patentés. L'adoption du projet de loi qui confère le droit d'électeurs à tous les commerçants patentés aurait donc pour conséquence logique l'obligation de faire participer les patentés des cinq dernières classes aux charges et dépenses des chambres de commerce. Il y a lieu de croire qu'ils seraient peu disposés à accepter, à ces conditions, l'honneur de l'électorat. En les dispensant de contribuer aux dépenses inscrites au budget des chambres de commerce, le législateur proclame qu'ils sont sans intérêt à l'existence de celles-ci. Ils n'ont donc aucun droit de concourir aux élections de ces chambres (1). »

Le projet Boysset est donc condamné quant à son but principal. D'autre part, le système inauguré par la loi du 21 décembre 1871 n'est plus défendu par personne, que je sache, car il a le grave défaut d'abandonner au hasard la formation de la liste électorale. En effet, même dans les arrondissements peu importants, il est impossible aux membres de la commission de connaître suffisamment les commerçants du ressort. Aussi ne peuvent-ils guère baser leur choix que sur le chiffre de la patente.

A quel parti doit donc s'arrêter le législateur ?

Etablira-t-il le suffrage à 2 degrés ? — L'organisation et le fonctionnement de ce système présentent des difficultés trop grandes.

Pour ma part, — et je résumerai ainsi toute mon argumentation :

M'inspirant de ce vœu si juste *que pour l'électorat commercial, le droit soit substitué à la faveur*, vœu émis en 1876 par le syndicat général des Chambres syndicales de Paris (2) ;

Convaincu, avec la Chambre de Rouen, que *là où s'arrête l'intérêt s'arrête aussi le droit*, et que la meilleure base d'appréciation de l'intérêt consiste dans la quotité de la patente, proportionnée à l'étendue du négoce ;

Retenant aussi :

Que le droit de choisir les magistrats consulaires n'est pas inhérent à tout commerçant en vertu d'un principe absolu et imprescriptible, mais que l'acquisition de ce

---

(1) *Lettre de la chambre de Rouen du 25 juin 1880, à M. le Ministre de l'Agriculture et du Commerce.*

(2) *Officiel* du 8 juin 1879, page 4665.

*droit est subordonnée à la possession d'aptitudes détermi-
nées ;*

Que l'exercice d'un négoce de quelque importance
peut seul donner l'aptitude nécessaire pour faire un bon
choix au profit de tous ; .

Et mettant à profit l'expérience faite en Belgique depuis
onze ans,

J'estime que le mieux serait d'admettre à l'électorat
tous les commerçants français payant au trésor de l'Etat,
du chef de leur patente, la somme de 100 fr. (1).

Ce mode aurait le grand avantage de n'exclure définitivement personne de l'électorat, puisque tout négociant,
quelque modestes que soient ses débuts, peut, s'il est
réellement probe, actif et intelligent, atteindre à un chif-
d'affaires correspondant à une patente de 100 fr. au profit
de l'Etat.

Plusieurs chambres de commerce ont, dans le même
ordre d'idées, demandé que l'on composât la liste électorale des patentés des tableaux *B* et *C* et des trois premières
classes du tableau *A*. Mais ce système irait contre le but
que ses promoteurs se proposent, en ce sens qu'il exclurait
bon nombre de négociants inscrits au tableau *D* ou a la
quatrième classe du tableau *A* et payant plus de 100 fr.,
tandis qu'il conférerait l'électorat aux membres de certaines
professions peu commerciales, imposées au tableau *B* pour
des chiffres dérisoires (2).

Il y aurait lieu de porter aussi sur la liste :

---

(1) Pour la Savoie, cette somme, ajoutée à la part revenant à la
commune et au département, donne un total moyen de 180 fr.

Il en résulterait que le nombre des électeurs du ressort de Chambéry ne dépasserait pas sensiblement le chiffre actuel de 382.

(2) L'administration des Contributions directes, de qui je tiens ces
renseignements, m'a cité entre autres 20 entrepreneurs de cabriolets
à Chambéry, portés au tableau *B* et payant cependant moins de 5 fr.
de patente !

1° *Les anciens membres de la chambre de commerce, les anciens présidents du conseil de prud'hommes et les anciens présidents et juges titulaires ou suppléants retirés du commerce.* L'inscription de ces derniers, proposée dans les motifs seulement, mais non dans le dispositif du projet du Conseil d'Etat (1) et mentionnée expressément dans le projet Boysset(2), n'est pas indiquée dans le texte définitif voté par la Chambre ;

2° Les directeurs *des succursales des maisons de commerce françaises et des établissements principaux et des succursales des sociétés commerciales françaises.* La loi du 5 décembre 1876 a déjà accordé ce droit aux directeurs des sociétés anonymes ; mais elle l'a refusé aux autres personnes indiquées ci-dessus, en ne les mentionnant pas expressément. C'est ainsi qu'un arrêt du Conseil d'Etat du 9 novembre 1877 a dénié la qualité d'électeur commerçant, et ce, parce qu'il n'était pas personnellement patenté, au sieur Henri Bordes, qui dirigeait la succursale établie à Bordeaux par la maison Antoine-Dominique Bordes, de Paris, succursale employant 40 navires et payant 30,000 fr. de patente. « Une maison d'une telle importance doit assurément, dit Dalloz (année 1878, 3e partie, page 9), trouver dans la législation le moyen de faire représenter ses intérêts dans les chambres et les tribunaux de commerce. » On ne peut en effet la priver de ce droit si l'on considère qu'elle paye, à elle seule, une patente aussi forte que les patentes réunies de 200 commerçants de moyenne importance. Ce seul exemple suffit sans doute pour justifier ma proposition.

La condition de cinq ans de patente et de domicile paraîtra exhorbitante et peu justifiée si l'on réfléchit que personne n'entreprend un commerce de quelque impor-

---

(2) *Officiel* du 8 décembre 1879, page 10789.
(3) *Officiel* du 17 juillet 1879, page 6905.

tance sans avoir passé par un stage de plusieurs années, qui donne des garanties suffisantes. La loi française de 1871 et la loi belge de 1869 n'imposent aucune condition de domicile ou de durée d'exercice commercial (1). On pourrait néanmoins exiger, comme le fait cette dernière loi (2), l'inscription sur la liste électorale communale.

Les règles d'inscription ainsi précisées, la liste pourrait, sauf recours au tribunal civil, être dressée par une commission composée du maire de la ville où siège le tribunal de commerce, du président de ce tribunal et du président de la chambre de commerce. La présence de ces deux derniers serait surtout utile pour l'appréciation de la qualité de commerçant des citoyens inscrits à la patente.

Pour ne pas exclure de la magistrature consulaire les commerçants qui, bien que placés dans les rangs inférieurs des patentés, justifieraient d'aptitudes exceptionnelles, on conserverait les catégories d'éligibles indiquées au projet Boysset, en y ajoutant toutefois les directeurs des succursales des maisons de commerce françaises et des établissements principaux et des succursales des sociétés commerciales françaises, et les associés en nom collectif qui ne sont pas soumis à la patente, aux termes de l'art. 21 de la loi du 15 juillet 1880.

Enfin, le nombre des électeurs ne devant pas être beaucoup plus grand qu'aujourd'hui, le vote au tribunal devrait être maintenu.

II

L'art. 431 du projet primitif du code de commerce autorisait, dans les termes suivants, la réélection immédiate

---

(1) *Circulaire du Garde des Sceaux du 5 janvier* 1872, paragraphe 16, et article 36 de la *loi belge du* 18 *juin* 1869.
(2) Article 37 de la *loi du* 18 *juin* 1869.

des juges consulaires : « Le président, les juges et suppléants peuvent être réélus. »

Ni les cours, ni les tribunaux, ni les chambres de commerce ne s'élevèrent contre cette disposition (1).

Mais, ensuite d'objections présentées par le Conseil d'Etat et que l'on reproduit aujourd'hui, le bénéfice de la rééligibilité indéfinie ne fut maintenu qu'aux suppléants. Le président et les juges ne purent siéger plus de deux ans ni être réélus qu'après une année d'intervalle.

Cette restriction créait de telles difficultés au recrutement des tribunaux et présentait de si grands inconvénients au point de vue de la bonne administration de la justice, que la loi du 3 mars 1840 permit aux magistrats de siéger 4 années consécutives.

De nombreuses critiques ont été dirigées contre l'art. 14 du projet Boysset. Mais la commission parlementaire de la Chambre des Députés et le Conseil d'Etat y ont répondu victorieusement par des motifs tirés de l'intérêt général (2).

Ces critiques portent principalement sur deux points :

« Si la réélection sans intervalle était permise, tout juge qui ne l'obtiendrait pas se croirait lésé dans son honneur. Or, la loi doit-elle placer dans cette situation des hommes qui abandonnent leurs affaires personnelles pour se livrer à un service pénible et gratuit (3) ? »

Il me semble que la loi n'a pas à prémunir les juges contre les entraînements de l'amour-propre. En les soumettant à une réélection bis-annuelle, elle fournit un moyen de retraite suffisant à ceux que des raisons diver-

---

(1) Nouguier. — *Des tribunaux de commerce*, Paris, Delamotte et Cᵉ, 1844, in-8º, tome 1, page 95.

(2) *Officiel* du 17 juillet 1879, page 6905, et 8 décembre 1879, page 10791.

(3) *Discours de M. Maret au Corps législatif de* 1807. — Nouguier, ouvrage cité, tome I, page 95.

ses empêchent de briguer un second mandat. Quant au juge
ambitieux de continuer ses fonctions et que ses mérites ne
recommanderaient pas aux suffrages, il n'aura à s'en prendre
qu'à lui-même de n'avoir pas pressenti l'opinion des électeurs ou écouté les conseils qui ne lui auront pas fait
défaut. Quoi qu'il en soit, son honneur ne saurait souf-
frir d'un échec.

« En permettant aux juges de s'éterniser sur leurs sièges, on em-
pêcherait de nouvelles candidatures de se produire. »

Cet argument a été présenté par plusieurs chambres de
commerce ; mais il est à remarquer que ces chambres
siègent dans des places importantes, où l'on rencontre sans
doute en grand nombre des commerçants capables de faire
de bons magistrats consulaires et désireux de l'être. Il est
par suite naturel qu'elles aient en vue de donner satisfaction à ces ambitions légitimes.

Mais si l'on songe que la loi doit statuer uniformément
pour 216 tribunaux, dont les trois quarts siègent dans des
villes où il est souvent difficile de trouver des sujets aptes
à remplir les fonctions de juges, l'argument perd beaucoup
de sa valeur. Sous peine de compromettre les intérêts des
justiciables, auxquels on doit songer avant tout, il ne faut
donc pas que les magistrats capables soient contraints
d'abandonner périodiquement leurs sièges à des suppléants
sans mérites ou qui s'acquitteraient avec répugnance de
leurs charges éphémères.

J'espère dès lors que le législateur n'hésitera pas à
consacrer le texte du projet, auquel je proposerai d'ajouter
le mot « président » pour indiquer clairement que le bénéfice de la rééligibilité s'applique à tous les grades de la
hiérarchie consulaire.

III

Ce qui rebute principalement les électeurs, c'est que,
sous la législation actuelle, telle que l'interprète la juris-

prudence, comme sous le régime du décret du 28 août
1848, ils doivent se transporter à trois reprises différentes
dans la salle du vote : pour l'élection du président d'a-
bord, pour celle des juges ensuite et enfin pour l'élection
des suppléants. Etait-ce là l'intention réelle des législateurs ? On peut en douter, car la loi de 1871, de même
que le décret de 1841, dit simplement que l'élection du
président sera faite au scrutin individuel et celle des juges
et suppléants au scrutin de liste. Seule, parmi les Cours
d'appel, la Cour d'Angers s'est prononcée, le 25 août 1849,
pour les scrutins simultanés ; mais la Cour de cassation
a décidé, par arrêts des 6 août et 16 décembre 1851 et
25 mars 1878, que les élections doivent être faites par
trois scrutins successifs, afin que, si le candidat à la présidence échoue, il puisse se présenter immédiatement comme
juge et que, si les électeurs ne le veulent pas davantage
pour juge, il ait la suprême ressource d'implorer leurs suffrages en qualité de suppléant. En vérité, c'est une théorie
toute de prévoyante sollicitude pour le candidat possédé
de l'envie de juger quand même ; mais ce n'en est pas
moins une théorie sans application pratique. Qu'on fasse
une enquête auprès des sièges consulaires, et l'on se con-
vaincra que jamais, quels que soient son ambition ou son
dévouement, l'on n'a vu un candidat évincé de la présidence consentir, au moment même où il vient de subir un
échec, à siéger comme juge sous la direction de son rival,
et enfin, en cas d'un second insuccès, briguer un poste de
suppléant ! Et quand bien même on admettrait la possibilité
d'un fait aussi invraisemblable, doit-on, pour une exception des plus rares assurément, compliquer la procédure
des élections consulaires au point de les faire déserter ?

Aux termes du rapport de M. Chauffour (1), le vote si-
multané pour les juges et les suppléants ne semble pas

---

(1) *Officiel* du 8 décembre 1879, page 10790.

rencontrer d'objection. Vous serez persuadés comme moi, Messieurs, que cette réforme des plus heureuses sera accueillie avec une véritable satisfaction par les votants assidus. Vous avez souvent, sans doute, entendu de la bouche des électeurs et peut-être fait vous-même cette réflexion toute de sens pratique : « A quoi bon nous déplacer trois fois, au cœur de l'hiver, quand nous pourrions déposer nos trois bulletins en même temps ? »

Et en effet, avant l'arrêt de cassation du 25 mars 1878, les scrutins simultanés ont été pratiqués ici et dans la plupart des siéges consulaires, sans qu'il en soit jamais résulté le moindre inconvénient.

Il est bon aussi que la durée des scrutins soit de six heures, afin de permettre à chaque électeur de choisir le moment qui lui siéra le mieux pour se rendre au vote.

IV

Depuis l'institution de la juridiction consulaire, l'élection du président a été confiée aux électeurs, sans que ce mode de nomination ait donné lieu à aucune critique.

Mais, à l'occasion du projet Boysset, M. Gatineau d'abord et le Conseil d'Etat ensuite ont demandé (1) que le président fût choisi par le tribunal.

On a dit, pour justifier cette innovation, qu'il serait à craindre qu'un président qui, avec le suffrage universel, pourrait être élu par 50,000 ou 60,000 voix, n'acquît une prépondérance trop grande sur les juges et ne fût amené à se faire des illusions et même à manquer de déférence pour les tribunaux supérieurs chargés d'examiner en appel les décisions de son tribunal.

---

(1) *Officiel* des 17 juillet 1879, page 6905, 8 décembre 1879, page 10790, et 1er décembre 1880, page 11765.

Ces raisons me paraissent bien fragiles. Avec le suffrage universel comme sous le régime actuel, il n'y aurait jamais grand écart entre le nombre de voix données au président et celui des suffrages obtenus par les juges. Et, s'il n'est pas impossible que la participation d'un nombre considérable d'électeurs à la nomination d'un tribunal puisse, dans certaines circonstances, autoriser, encourager même le président issu directement du suffrage populaire à méconnaître les règles de la hiérarchie judiciaire, ce grave danger ne serait pas atténué moyennant le choix du président par le tribunal formé dans le même esprit.

On a prétendu aussi que l'élection du président par le tribunal lui-même, après sa constitution, aurait l'avantage de ménager le temps des électeurs. Mais il est facile de répondre que, la simultanéité des scrutins étant admise, il ne faut pas plus de temps pour remettre trois bulletins que pour en déposer deux.

Les partisans du *statu quo* affirment que la mesure proposée affaiblirait l'autorité du président. Je crois cet argument peu fondé, car l'autorité nécessaire ne fait pas défaut aux présidents des conseils généraux, aux bâtonniers de l'ordre des avocats, aux maires des communes rurales, aux présidents des conseils de prud'hommes, etc., nommés par les corps auxquels ils appartiennent.

Mais l'art. 16 du projet Boysset a le grand avantage de confier l'élection du président aux personnes les plus aptes à faire ce choix dans les meilleures conditions. Je louerais donc sans réserves la réforme demandée, si elle n'avait le défaut, capital à mes yeux, d'introduire dans le tribunal des genres de division qui produiraient les plus fâcheux résultats.

En effet, dans le système proposé, lorsque deux listes différentes seront en présence pour la composition d'un tribunal, chacune d'elles devra naturellement comprendre au moins un juge désigné d'avance comme futur président. Or, il peut arriver, il arrivera même souvent que ces candidats à la présidence soient tous deux nommés. Voilà donc deux antagonistes au sein du tribunal, et lorsque les juges, partagés en deux camps, désunis peut-être pour toujours, auront définitivement choisi leur chef, le candidat évincé s'empressera de donner sa démission, ce qui motivera de nouvelles élections, c'est-à-dire un nouveau déplacement des électeurs.

Tous ces graves inconvénients sont évités avec le système actuel. J'espère donc qu'il sera conservé, en vue de la bonne harmonie qui doit régner entre les membres d'un même tribunal.

V

Un amendement présenté par M. Choron et adopté, le 30 novembre 1880, par la Chambre des Députés porte que nul ne pourra être élu juge titulaire s'il n'a siégé au moins deux années comme juge suppléant.

On a prétendu, à l'appui de cet amendement, qu'un stage préalable de deux ans serait indispensable pour l'exercice des fonctions de juge titulaire. Je me contenterai d'opposer des faits à cette assertion.

De 1807 à 1871, les juges titulaires pouvaient être nommés sans avoir jamais été suppléants, et cependant les tribunaux de commerce ne jugeaient pas moins bien qu'aujourd'hui. Aussi cette disposition a-t-elle été maintenue par l'art. 35 de la loi belge du 18 juin 1869.

Toutefois, la loi du 21 décembre 1871 a décidé que nul ne pourrait être nommé juge s'il n'avait été juge suppléant. Cette restriction n'est-elle pas suffisante ? Dira-t-on que les tribunaux consulaires ne rendent pas assez bonne justice ?— Mais nous avons vu que leurs jugements sont plus souvent confirmés que ceux des tribunaux civils.

La modification proposée n'est donc pas justifiée, et il n'y a aucun inconvénient à maintenir le texte de la loi de 1871.

D'ailleurs, en fait, les suppléants accomplissent généralement leur mandat de 2 années avant d'être promus juges,
et ce n'est que dans des circonstances exceptionnelles que
l'on déroge à cette règle.

Je crois donc que cette modification doit être repoussée,
comme pouvant, dans certains cas, créer de sérieux obsta-
cles au recrutement des petits tribunaux.

VI

Le premier texte du projet Boysset contenait la disposition suivante :

« Pour être éligible à la présidence, il faudra, à Paris, avoir
« exercé pendant quatre ans comme juge titulaire et, dans les tribu-
» naux de neuf membres, avoir exercé pendant deux ans au moins
« en cette même qualité.

« Dans les autres tribunaux, il suffira d'avoir été juge titulaire
« pendant un an au moins (1). »

Mais cette disposition ne se retrouve plus dans le texte
définitif arrêté par la Commission parlementaire (2) ni
dans celui qui a été voté par la Chambre des Députés (3).

Il résulte de cette omission que les juges auraient la
faculté de choisir comme président un suppléant qui vien-
drait d'être nommé juge titulaire, après deux années de
stage seulement.

La loi ne doit pas autoriser cette irrégularité grave, qui
pourrait avoir de fâcheuses conséquences au point de vue
de la bonne administration de la justice.

_____

(1) *Officiel* du 17 juillet 1879, page 6905.
(2) *Officiel* du 15 février 1880, page 1778.
(3) *Officiel* du 17 janvier 1881, page 269.

VII

Le § 1er de l'art. 18 porte :

« Lorsque, par suite de récusation ou d'empêchement, il ne restera
« pas un nombre suffisant de juges ou de suppléants, le président
« du tribunal tirera au sort, en séance publique, les noms des juges
« complémentaires, pris dans une liste dressée annuellement par
« le tribunal. »

Puis, le § 3 du même article répète :

« Les juges complémentaires seront appelés dans l'ordre fixé
par un tirage au sort, fait en séance publique, par le président du
tribunal, entre tous les noms de la liste (1). »

Evidemment, il y a lieu de supprimer l'un de ces deux
paragraphes, qui statuent sur le même point, avec cette différence que, d'après le premier, le tirage au sort devrait
être fait chaque fois que l'on constaterait l'impossibilité de
composer le tribunal de magistrats, tandis que, d'après le
dernier, ce tirage au sort paraît devoir n'être effectué
qu'une fois l'année, comme cela se pratiquait sous le régime du décret du 28 août 1848 et comme on continue
de le faire aujourd'hui.

Je pense que ce dernier mode, le seul compatible avec
la tenue régulière des audiences, doit être expressément
consacré.

J'ai fini, Messieurs, l'étude que vous avez daigné me
confier, et je ne la terminerai pas sans exprimer ma profonde gratitude :

A M. le Président du tribunal de commerce de Genève,
pour l'empressement qu'il a mis à me renseigner sur la
législation de son pays ;

---

(1) *Officiel* du 17 janvier 1881, page 270.

A notre éminent collègue, M. Bonjean, qui a bien voulu faciliter mon travail en me communiquant le mémoire qu'il a adressé l'an dernier à M. le Ministre du Commerce ;

A vous tous, Messieurs, pour l'intérêt que vous avez pris à des critiques inspirées par le seul désir du bien public et qui seront, je l'espère, corroborées par votre autorité.

Ce rapport entendu,

LA CHAMBRE DE COMMERCE DE CHAMBÉRY,

Après en avoir mûrement délibéré,
Déterminée par les motifs qui viennent d'être exposés,

A L'UNANIMITÉ,

ÉMET LE VOEU

Que le projet de loi sur les élections des tribunaux et des chambres de commerce présenté, le 23 décembre 1880, au Sénat, soit remplacé par les dispositions ci-après :

Art. 1er. — Les art. 618, 619, 620, 621, 622, 623, 626 et 629 du code de commerce sont modifiés de la manière suivante :

Art. 618. — Les magistrats des tribunaux de commerce sont élus par *tous* les citoyens français inscrits sur les listes électorales municipales et classés dans les catégories suivantes :

1° Commerçants payant au trésor de l'Etat, du chef de la patente, une somme de 100 fr. au moins ;

2° Capitaines au long cours ;
Maîtres de cabotage ;
Agents de change ;

Directeurs de succursales de maisons de commerce françaises ;

Directeurs des établissements principaux et des succursales de toutes sociétés françaises de finance, de commerce et d'industrie ;

Courtiers d'assurances maritimes et courtiers interprètes et conducteurs de navires, institués en vertu des art. 77, 79 et 80 du code de commerce ;

Membres anciens ou en exercice des tribunaux et des chambres de commerce ;

Présidents anciens ou en exercice des conseils de prud'hommes.

Ne pourront être portés sur la liste ni *participer à l'élection, s'ils y avaient été portés :*

1º Les individus condamnés soit à des peines afflictives et infamantes, soit à des peines correctionnelles pour faits qualifiés crimes par la loi ;

2º Ceux qui ont été condamnés pour vol, escroquerie, abus de confiance, soustractions commises par les dépositaires de deniers publics, attentats aux mœurs ;

3º Ceux qui ont été condamnés à l'emprisonnement pour délit d'usure, pour infractions aux lois sur les maisons de jeu, sur les loteries et les maisons de prêts sur gages, ou par application de l'art. 1er de la loi du 27 mars 1851, des art. 7 et 8 de la loi du 23 juin 1857, et de l'art. 1er de la loi du 27 juillet 1867 ;

4º Ceux qui ont été condamnés à l'emprisonnement par application des lois du 17 juillet 1857, du 23 mai 1863 et du 24 juillet 1867 sur les sociétés ;

5º Les individus condamnés pour les délits prévus aux art. 400, 413, 414, 417, 418, 419, 420, 421, 423, 433, 439, 443 du code pénal,

Et aux art. 594, 596 et 597 du code de commerce :

6º Les individus condamnés pour contrebande ;

7º Les notaires, greffiers et officiers ministériels destitués en vertu de décisions judiciaires ;

8º Les faillis non réhabilités dont la faillite a été dé-

clarée soit par les tribunaux français, soit par des jugements rendus à l'étranger, mais exécutoires en France ;

9° Et généralement tous les individus privés du droit de
vote dans les élections politiques.

Art. 619. — La liste des électeurs de chaque ressort
sera dressée annuellemeut, d'après les tableaux fournis
par les maires et par l'administration des contributions
directes, par une commission composée :

1° Du président du tribunal de commerce, qui présidera.
— Pour la première élection qui suivra la création d'un
tribunal, on appellera dans la commission le président du
tribunal civil ;

2° Du président de la chambre de commerce. Si le
président de la chambre de commerce est en même
temps président du tribunal, on appellera un autre membre désigné par la chambre. Dans les villes où il n'existe
pas de chambre de commerce, on appellera le président
de la chambre consultative des arts et manufactures ou,
à défaut, un membre désigné par le conseil municipal ;

3° Du maire de la ville où siège le tribunal et, à Paris,
du président du conseil municipal.

La liste sera envoyée au préfet, qui la fera publier et
afficher. Des exemplaires signés par le président du tribunal de commerce seront déposés au greffe de ce tribunal et au parquet de l'arrondissement.

Tout patenté aura le droit d'en prendre connaissance et,
à toute époque, de demander son inscription ou la ra-
diation des électeurs indûment inscrits. L'action en ra-
diation appartiendra aussi au ministère public.

La réclamation sera portée sans frais devant le tribunal
civil, qui prononcera en la chambre du conseil. En
appel, la cour statuera dans la même forme.

Le pourvoi en cassation contre l'arrêt sera porté directement devant la chambre civile.

Il sera instruit et jugé dans les formes prescrites par
l'art. 23 du décret du 2 février 1852 sur les élections
législatives.

Art. 620. — *Tout* citoyen français âgé de trente ans, domicilié au moment de l'élection dans le ressort du tribunal et ne se trouvant dans aucun des cas d'indignité prévus à l'art. 618, pourra être nommé juge ou juge-suppléant, s'il a exercé pendant cinq ans l'une des professions suivantes (1) :

Commerçants, quel que soit le chiffre de la patente ;

Associés en nom collectif qui ne sont pas soumis à la patente, aux termes de l'art. 21 de la loi du 15 juillet 1880 ;

Capitaines au long cours ;

Maîtres de cabotage ;

Agents de change ;

Directeurs de succursales de maisons de commerce françaises ;

Directeurs des établissements principaux et des succursales de toutes sociétés françaises de finance, de commerce et d'industrie ;

Courtiers d'assurances maritimes et courtiers interprètes et conducteurs de navires, institués en vertu des art. 77, 79 et 80 du code de commerce.

Toutefois, nul ne pourra être nommé juge *s'il n'a été juge suppléant ;*

Pour être éligible à la présidence, il faudra, à Paris, avoir exercé pendant quatre ans comme juge titulaire et, dans les tribunaux de neuf membres, avoir exercé pendant deux ans au moins en cette même qualité.

Dans les autres tribunaux, il suffira d'avoir été juge titulaire pendant un an au moins.

Plusieurs associés en nom collectif ne peuvent pas faire partie du même tribunal.

Art. 621. — Les électeurs seront convoqués, dans la première quinzaine de décembre, par le préfet du département.

---

(1) Cette énumération comprend les anciens commerçants, comme les anciens juges et les négociants en exercice,

Les élections se feront dans le local du tribunal de commerce, sous la présidence du maire du chef-lieu où siège le tribunal, assisté de quatre assesseurs, qui seront les deux plus jeunes et les deux plus âgés des électeurs présents.

L'assemblée ne pourra pourvoir qu'aux vacances existantes lors de la convocation et indiquées par l'arrêté préfectoral.

A l'ouverture de la séance, le président rappellera les conditions exigées pour l'éligibilité.

L'élection du président sera faite au scrutin individuel et celle des juges et des juges suppléants au scrutin de liste.

Les trois scrutins pour la [nomination du président, des juges et des juges suppléants seront ouverts *simulta-nément*, mais dans trois urnes distinctes, à dix heures du matin et fermés à quatre heures du soir. *La destination de chaque urne sera indiquée par des placards apposés sur les faces tournées vers le public et vers le bureau.*

Au premier tour de scrutin, nul ne sera élu s'il n'a réuni la moitié plus un des suffrages exprimés et un nombre égal au quart du nombre des électeurs inscrits. Au deuxième tour, qui aura lieu huit jours après, la majorité relative sera suffisante.

Le procès-verbal sera dressé en triple original, et le président en transmettra un exemplaire au préfet et un autre au procureur général ; le troisième sera déposé au greffe du tribunal. Tout électeur pourra, dans les cinq jours après l'élection, attaquer les opérations devant la cour d'appel, qui statuera sommairement et sans frais. Le procureur général aura un délai de dix jours pour demander la nullité.

Le pourvoi en cassation sera formé et instruit comme il est indiqué à l'art. 619.

La nullité partielle ou absolue de l'élection ne pourra être prononcée que dans les cas suivants :

1° Si l'élection n'a pas été faite selon les formes prescrites par la loi ;

2° Si le scrutin n'a pas été libre, ou s'il a été vicié par des manœuvres frauduleuses ;

3º S'il y a incapacité légale dans la personne de l'un ou de plusieurs des élus.

Sont applicables aux élections faites en vertu du présent article les dispositions des articles 98, 99, 100, 102, 103, 104, 105, 106, 107, 108, 109, 110, 112, 113, 114, 116, 117, 118, 119, 120, 121, 122, 123, de la loi du 15 mars 1849.

Art. 622. — A la première élection, le président et la moitié des juges et des suppléants dont le tribunal sera composé seront nommés pour deux ans : la seconde moitié des juges et des suppléants sera nommée pour un an : aux élections postérieures toutes les nominations seront faites pour deux ans.

Tous les membres compris dans une même élection seront soumis simultanémeut au renouvellement périodique, encore bien que l'installation de l'un ou de plusieurs d'entre eux ait été différée.

Tout membre élu en remplacement d'un autre, par suite de décès ou de toute autre cause, ne demeurera en exercice que pendant la durée du mandat confié à son prédécesseur.

Art. 623. — Les *président* et juges titulaires ou suppléants sont indéfiniment rééligibles.

Art. 626. — Le rang à prendre dens le tableau des juges et des suppléants sera fixé par l'ancienneté, c'est-à-dire par le nombre des années de judicature, avec ou sans interruption, et, entre les juges élus pour la première fois et par le même scrutin, par le nombre de voix que chacun d'eux aura obtenu dans l'élection et, en cas d'égalité de suffrages, la priorité appartiendra au plus âgé.

Les jugements seront rendus par trois juges au moins ; un juge titulaire fera nécessairement partie du tribunal, à peine de nullité.

Lorsque, par suite de récusations ou d'empêchements, il ne restera pas un nombre suffisant de juges ou de suppléants, il y sera pourvu au moyen d'une liste formée annuellement par chaque tribunal de commerce entre les éligibles du ressort, et, en cas d'insuffisance, entre les électeurs ayant, les uns et les autres, leur résidence dans la ville où siège le tribunal.

Cette liste sera de 50 noms à Paris, de 25 noms pour les tribunaux de 9 membres et de 15 noms pour les autres tribunaux.

Les juges complémentaires seront appelés dans l'ordre fixé par un tirage au sort fait *annuellement*, en séance publique, par le président du tribunal, entre tous les noms de la liste.

ART. 629. — Dans la quinzaine de la réception du procès-verbal, s'il n'y a pas de réclamations, ou dans la huitaine de l'arrêt statuant sur les réclamations, le procureur général invite les élus à se présenter à l'audience de la cour d'appel, qui procède publiquement à leur réception et en dresse procès-verbal consigné dans ses registres.

Si la cour ne siège pas dans l'arrondissement où le tribunal de commerce est établi, et si les élus le demandent, elle peut commettre, pour leur réception, le tribunal civil de l'arrondissement, qui y procédera en séance publique, à la diligence du procureur de la République.

Le procès-verbal de cette séance est transmis à la cour d'appel, qui en ordonne l'insertion dans ses registres. Le jour de l'installation publique du tribunal de commerce, il est donné lecture du procès-verbal de réception.

ART. 2. — Les dispositions précédentes, en matière d'élections consulaires, sont applicables aux élections des chambres de commerce et à celles des chambres consultatives des arts et manufactures.

ART. 3. — Sont abrogés les art. 4 et 7 du décret du 6 octobre 1809, les lois des 5 décembre 1876 et 26 janvier 1877 et le décret du 22 janvier 1872, ainsi que toutes les dispositions antérieures qui seraient contraires à la présente loi.

4

Décide que le rapport et la présente délibération seront imprimés et transmis :

A MM. les Ministres de la Justice et du Commerce ;
A MM. les Membres de la Commission sénatoriale,
Et à MM. les Sénateurs et Députés de la Savoie.

CHAMPENOIS, président;
CHAMBRE, secrétaire-trésorier ;
BAL Joseph ;
BILLIET ;
BONJEAN ;
CHALLIER Honoré ;
MOTTET ;
TIOLLIER père
VALLET.